GRIGOR

LAS ENSEÑANZAS DE GRIGORI
GRABOVOI SOBRE DIOS

CONTROL DE LA VOLUNTAD

Obra Creada por el Autor el 3 de Diciembre del año 2004

Copyright @2019

Grigori P. Grabovoi

El texto de la obra fue creado por primera vez por Grigori Petrovich Grabovoi durante el seminario del 3 de Diciembre del 2004.

Al crear el seminario, se utilizó un método de desarrollo eterno con una predicción exacta de los eventos futuros. La confirmación al 100% de las predicciones de G.P. Grabovoi han sido comprobadas por protocolos y testimonios publicados en los 3 volúmenes de la obra «Prácticas de Control – El camino de la salvación.». Al crear el texto del seminario G.P. Grabovoi recibe primero un pronóstico exacto de los eventos futuros y luego crea un texto que enseña el desarrollo eterno, teniendo en cuenta los eventos futuros específicos que concierne a cada persona y al mundo entero.

Todos los derechos reservados. Ninguna parte de este libro puede reproducirse de ninguna forma sin el permiso por escrito del propietario de los derechos de autor.

Traducción del ruso al español por el:

INSTITUTO DE CIENCIA Y FILOSOFÍA DE GG®

GRIGORI GRABOVOI®

GRABOVOI®

© Grabovoi G.P. 2004

Traducción al español, 2019

03 de diciembre de 2004

Hola de nuevo El tema de mi seminario de hoy es mi enseñanza sobre Dios. Control de la voluntad.

En este tema, considero el sustrato de la voluntad, cuando se dirige al sistema de control, en primer lugar, cómo se puede visualizar que la voluntad existe en términos de control y cómo se puede usar, por así decirlo, en el control.

Desde el punto de vista del control, cualquier concentración, ¿sí? ... cualquier sistema de control de la voluntad, es un tipo de impulso que viene de Usted, una cierta especie de esfera, ¿sí? o digamos, alguna masa de información que de alguna manera o de manera directa, depende de usted, afecta radicalmente el sistema, incluido el óptico y el sistema de acción.

Y así obtiene una próxima acción, es decir, está concentrando la voluntad, ¿verdad? ... para lograr algo. Pero la concentración de voluntad no significa que la acción se esté llevando a cabo. Es posible concentrar la voluntad, pero al mismo tiempo solo prepararse para la acción, es decir, la concentración de la voluntad es necesaria para preparar alguna acción.

Y hay otro nivel de control volitivo como factor externo, es decir, la formación de la voluntad y el control de la voluntad como tal. Es decir, por ejemplo, si una persona no sabe con mucha precisión que existe una voluntad en la manifestación de control colectivo, o en el particular, entonces simplemente puede establecer la tarea (es necesario formar tal voluntad para que haya algún tipo de control) y luego percibir la voluntad ya formada, y utilizarla como un elemento de control externo. Es decir, sin presión: no hay onda de presión, que generalmente surge con el concepto de control de voluntad.

Y también existe un factor completamente diferente como si en los términos de control o comprensión de este nivel de control, esa voluntad puede ser simplemente como una expresión volitiva, (que es el poder de usar la propia voluntad) Es decir. cualquier persona puede simplemente expresar voluntad; mientras se puede expresar la voluntad como si fuera un proceso aleatorio: puedes participar en algún programa electoral, o ver el eslogan - algún elemento de percepción funciono para él. Expreso la voluntad/volitiva, pero él no se esfuerza, tal vez, es un pensamiento aleatorio para él, de cómo los otros podrían pensar, o personalmente el piensa por su cuenta.

Por lo tanto, hay un nivel de la acción de Dios en el concepto de "volición" (determinación, deseo o voluntad), aquí será "el control de la voluntad", en términos de la "Enseñanza sobre Dios", donde la omnipresencia de Dios es Su Voluntad personal. Es decir, Dios decidid manifestarse en todas partes, y se manifestó, ¿sí? En algunas acciones. Es decir, la voluntad es un factor personal después de todo. primero, viniendo de Dios. Y en relación con esto, tenemos tal nivel. que la Voluntad es la acción de Dios, dirigida a la omnipresencia. Es decir, vemos, por ejemplo, a Dios en alguna acción; y al mismo tiempo, entendemos, que esta es Su voluntad/determinación. Es decir. en términos del nivel lógico de control, nada se hace sin la Voluntad de Dios.

La Voluntad de Dios se extiende al nivel de creación del Alma del hombre en términos del nivel espiritual. Es decir. es posible acercarse específicamente a la estructura del Alma a través de la voluntad, y en general, e incluso al mecanismo de la creación del Alma. Resulta que, es suficiente para nosotros extender el principio de universalidad, por ejemplo, al nivel del Alma, v comenzamos a entender, que la voluntad del hombre no siempre es una alta concentración de energía, o acción. por ejemplo. Y que la concentración de control, donde la acción es más bien simple, no está relacionada con la tensión de una persona, por ejemplo, que no hay una onda de tensión, precisamente de la onda que va al hombre, cuando se cree, que una persona tiene una fuerte voluntad.

Es decir, incluso cuando no hay esta onda, todavía podemos decir claramente, que manifestamos la voluntad como estaba en el siguiente control. Por ejemplo, si se establece una tarea: Como construir el futuro con la información, ¿sí? - para ello, debemos llevar a cabo el control en algún momento en el futuro, por ejemplo..., pero esto no puede ser necesariamente el futuro, puede ser geográficamente solo un lugar. Y luego resulta que, debemos distinguir claramente el nivel de control en el nivel de percepción, por ejemplo, en el nivel de acción.

Y aquí en el nivel de acción. la siguiente acción es posible. o que no podemos, en general, incluso, simplemente no la necesitamos; y sucede, que no es que no podamos, como si no pudiéramos percibir algo o sentir, pero a menudo no podemos tener tiempo. En cuanto, al hombre, a menudo no tiene tiempo. toma muchas decisiones. Y entonces, no puede percibir algún tipo de impulso de la voluntad de cada decisión, o un no volitivo -cualquier (impulso), ¿sí? Él trabaja en silencio.

En este sentido, el control en el espacio futuro, por ejemplo, sigue siendo. por así decirlo, a veces incluso la señal no visualizada. A veces hay visualización, pero no hay presión de la voluntad en la dirección opuesta, ¿verdad?... Es decir. para lograr algo, una persona debe tensar, como para concentrar la voluntad / volición o determinación - como algunas personas piensan. o a menudo la gente piensa que sí, y solo entonces algo ocurre. Es decir, hay una cierta onda de concentración: el cuerpo este comprimido, ¿verdad? La onda inversa muy poderosa comienza a moverse. Esta es una manifestación de fuerte voluntad en el concepto cotidiano, que es la aplicación de la voluntad. Cuando hablamos de eventos futuros, el siguiente elemento puede ser un evento distante o muy rápido. Entonces resulta que aplicamos la voluntad. pero no sentimos como si estuviera una onda inversa, no sentimos la concentración en el cuerpo.

Por lo tanto, hay un elemento muy importante entre estos conceptos -donde se siente, o donde no se siente. Usted puede construir muy fácilmente un organismo humano, tu propio organismo, entre dos criterios - una onda de voluntad que viene de Usted: donde se siente constantemente, una tensión cargada, o incluso una concentración tensa, por así decirlo. Es decir, Usted dirige esta onda, ¿verdad? Como una red densa. Y, por otro lado, todavía se puede llevar a cabo el control. Pero entonces esta precisamente la personalidad del hombre entre el nivel volicional o determinación, y la onda de voluntad. el siguiente control está en la manifestación libre completa; resulta ser como si no dependiera de la voluntad del hombre, sólo de la voluntad de Dios.

Es decir, es bastante sencillo definir aquí, que el hombre existe en la información debido a la Voluntad de Dios, y donde se manifiesta claramente la voluntad del hombre, es decir. se definen los criterios de voluntad: La onda externa, y la siguiente acción. Podemos suponer, que, de hecho, va de tal manera. Que incluso a veces la acción de información óptica habitual en algún lugar, o en algún lugar específico, conduce a los resultados muy poderosos, aunque tu no experimentas ninguna tensión de la voluntad. Y, por otro lado. para detener un reactor, para que no haya una explosión nuclear, la concentración de la voluntad no es necesaria en absoluto. Porque, cuanto mayor sea la concentración, mayor será el retardo de la señal de retorno. Por el contrario, es necesario actual* como si fuera un principio remoto: no se debe sentir fisiológicamente. que se lleva a cabo el control.

Cuando, por ejemplo, empiezas a construir esta position de percepción de x voluntad de Usted mismo como una personalidad en total, por ejemplo, ¿verdad?, entonces está claro, que es posible construir una persona, es decir.

construirse a Usted mismo - precisamente a nivel físico, en este caso a través de una combinación de los siguientes sistemas: La Voluntad de Dios, es decir. la estructura entre el control de la determinación del hombre y la voluntad del hombre, que se realiza y se percibe; y el tercero. es donde la voluntad como si no se percibiera. El hombre considera. que esto a veces es un evento aleatorio. aunque participa en este evento, simplemente no tiene tiempo para ver como básicamente conduce este impulso. debido a la alta velocidad del control, o del espacio. como si existiera para él, donde no hay impulso.

Por lo tanto. para rastrear este impulso - en términos generales, debes darte cuenta del cuerpo. tu propio cuerpo. Entonces resulta que el cuerpo es portador del impulso. El cuerpo está estructurando la realidad entre la concentración volitiva de la voluntad. que se realiza o se percibe. por así decirlo, porque todo lo que se entiende aquí -en mayor medida. es percibido. y la concentración que es hecha por el hombre, y también por Usted: pero ya como si estuviera a un lado.

Por lo tanto. hay una transición fundamental aquí al mundo exterior. Por regla general, los fenómenos, que parecen estar a un lado, son los fenómenos de lo externo, ¿verdad? Un Mundo manifestado x tangible. Es decir. resulta ser ya una transición muy estrecha en este caso. o es un árbol en crecimiento. una hoja de hierba allí, y así sucesivamente - esta es tu voluntad, también. Es muy sencillo ver el signo de tu propia voluntad: justo cuando llegaste a la creación de tu Alma por la Voluntad de Dios, también llegas aquí a tu manifestación de la voluntad. precisamente debido a la consciencia del objeto externo. que controlas por Usted mismo la determinación o volición, pero. que realmente. no tiene el factor de fuerza de la onda inversa.

Es decir. la velocidad es muy alta, y es comparable con la velocidad de la organización de su cuerpo físico. Entonces resulta que su voluntad se manifiesta en su cuerpo, y el cuerpo es creado por Dios. En relación con esto. esta es también la Voluntad de Dios, a través de su manifestación en el cuerpo físico. Y empiezas a ver linealmente -que aquí significa "pensar" en este caso- donde existe el Espíritu de una persona en una encarnación infinita, por ejemplo. Es decir. comienzas a edificar independientemente el estatus del Espíritu para ser infinito.

Aquí está realmente un elemento muy importante. que el Espíritu se vuelve lo mismo en relación con las propiedades, como el cuerpo físico: debido a las propiedades informativas. Y entonces comenzamos a ver ese cuerpo físico entre la voluntad manifestada x la voluntad que es como si fuera remota. por la manifestación de volición o determinación, es también la acción del Espíritu. Es decir: el Espíritu y el cuerpo físico comienzan a converger en el punto de la implementación del Alma. Entonces está claro, que la luz de Dios en particular se dirige al centro del Alma del hombre; precisamente en el centro. En cuanto al hombre, siempre percibe la Voluntad de Dios como la voluntad central.

Empezamos a pensar entonces: ¿Dónde está el centro del Alma del hombre, en general? ¿Cómo puedes encontrarla? Bueno, quiere decir. que hay un centro geométrico allí, un centro de eventos allí, hay un centro para la concentración de información, ¿verdad? En general, ¿qué significa el elemento conceptual? ¿Cuál es el concepto de "el centro del alma del hombre"? c-Que hay en el centro del Alma? Por otra parte, debemos aplicar la voluntad, a la voluntad humana de entender este proceso.

Y aquí vemos claramente la manifestación de la voluntad. viniendo del hombre, pero yendo por el camino, que Dios hace. Se puede decir, que el mismo impulso va desde el cuerpo Físico de Dios. Pero el hombre difiere en cierto modo, puede configurar localmente la voluntad por si mismo, por ejemplo, en la ambigüedad. Dios lo hace en todas partes. ¿Por qué Dios es macro-creativo? Porque siempre hace todas las acciones por todos. Y puesto que ha construido la Vida, es macro-creativo, v simplemente no puede ser de otra manera: Debe hacer una manifestación de voluntad fuerte y sincrónicamente.

Y si lo haces exactamente de esta manera, entonces puedes construir el espacio de control externo por tu voluntad. Es decir, construir algunos árboles, ¿verdad? minas, carreteras, como si la creación de cada molécula podría ser por tanto tiempo y rutina. ¿Pero entonces, ¿dónde está el momento de definir otras estructuras de eventos? Es decir, Dios lo ha hecho para el hombre. 6Por que Dios hace ciertas cosas en lugar de personas, ¿verdad? Por ejemplo. esta la Tierra, hay algunas moléculas. y así sucesivamente.

Entonces, ¿para qué? ... bueno, en este caso, significa, que es necesario como si consideraras esta position aquí. Bueno, ¿para qué sirve la quintaesencia? ¿Por qué miramos la realidad desde este punto de vista? Pero para demostrar, el hombre tiene sus propias tareas personales. La voluntad del hombre es completamente libre. Puede construir estas moléculas, pero entonces, pasaría tiempo. Le llevará tiempo construir diez moléculas, pero necesita vivir entre la gente; él lo necesita de alguna manera para determinar su position de conducta, y así sucesivamente.

Y resulta que, la misma quintaesencia de este control está en el hecho, que es la ideología del hombre, su sistema conductual, la que básicamente toma sus recursos. Es decir. lo que inventa, como se comporta. invierte en el mismo, en general, como resulta ser. Aquí es posible dibujar una analogía inversa: Proyectar sobre Dios, resulta, en principio, desde el punto de vista del hombre. Dios debe hacer lo mismo, al menos. Y en un nivel de voluntad fuerte, la misma acción de

Dios es una señal independiente externa. Es por eso, ¿por qué el hombre puede construir esta señal? Porque existe tanto la Voluntad de Dios como la voluntad del hombre. Y es la similitud, que es muy abstracta aquí. Muy profundamente, es como si la similitud asociativa, es decir. no se puede trazar claramente, linealmente. Por lo tanto, surge la multifacética del mundo externo. La interacción de la Personalidad de Dios y la personalidad del hombre hace que el Mundo sea multifacético y multi desarrollando. Si, el hombre puede construir una molécula específica, si realmente la necesita mucho.

Pero entonces, por ejemplo, con el fin de mejorar la salud en procesos complejos, a veces en procesos difíciles y severos en el cuerpo (quiero decir. que son dolorosos), a menudo es suficiente para determinar el enfoque de los sistemas volicionales de determinación o voluntad del hombre. Es decir. como el hombre toma varias decisiones. Ha fijado muy claramente v particularmente los segmentos volicionales. La manifestación de la voluntad del hombre se fija muy fácilmente en la información. Porque, tan pronto como se concentra, el hombre parece ser muy fácil de ver, ¿verdad? Por todos los que están a su alrededor, y ni siquiera esta iluminado en la información, pero está representado por una serie especifica de acciones. Una vez él o ella concentran su voluntad. -Concentrados... ¿para qué? ¿dónde se aplica? y así sucesivamente.

Y cuando tomas aquí una serie de este tipo, consideras la estructura del cuerpo humano en términos de manifestaciones volicionales, entonces una célula se ve en una persona, e incluso a menudo una molécula, que puede ser un poco ligeramente desplazada (si es una molécula), solo desde el centro de la rotación/giro - y eso es todo. Y esta es la causa, por ejemplo, de todas las enfermedades; la razón concentrada. Converges hacia todas las causas por tu voluntad en un solo sistema molecular. En este caso, es suficiente tomar un poco v cambiar ligeramente la concentración de la voluntad. para dar a la molécula y para tomar su lugar - eso es todo. hay recuperación instantánea.

Es decir. a veces resulta ser un factor útil, ¿verdad? - La habilidad para trabajar con una célula. Pero resulta que, en este caso, trabajas con tu propia cedula. Si consideras el sistema de eventos, y necesitas hacer tal control en los eventos, que tus eventos se configurarían de tal manera, que se transformarían o, por ejemplo, la configuración de los eventos se volvería completamente controlable, ¿verdad? En el momento de la configuración, puedes hacer el control de todos los eventos en un punto.

¿Como lo hace Dios? No percibes simultáneamente un gran número de acontecimientos de una manera volicional. Solo encuentra algunos puntos radicales; todo está siempre claro para él. Y este mismo concepto de comprensión constante del Mundo es la voluntad personal, que va de acuerdo con la Voluntad de Dios al hombre. Dios lo ha hecho de tal manera. que el hombre se desarrollaría eternamente;

Debe vivir eternamente, para que esta onda inversa de entendimiento universal -no solo Dios lo entiende, sino que la gente también debe entenderlo de la misma manera. si no, al menos, luchar por la universalidad del entendimiento. Entonces, tan pronto como esta onda en las personas, es decir. la voluntad del entendimiento. ¿verdad? La declaración de voluntad personal; la declaración de la voluntad misma de la comprensión de toda la situación - esta onda es precisamente, que el hombre está allí en el infinito en la forma de hombre precisamente eterno, eternamente en desarrollo, de hecho, eterno, que ya es ahora eterno.

Es decir. Dios está mirando, por ejemplo. desde aquí, y viendo, al hombre, ¿verdad? Es eterno en el futuro, pero al mismo tiempo, está enviando los impulsos del desarrollo eterno todo el tiempo. Y entonces debe entender en que momento y que está pasando alrededor de una persona en particular. Es decir, el hombre eterno, que está presente en alguna parte, /verdad? Así, como está allí para Dios, en el futuro - aunque para Dios, de hecho, lógicamente no hay ni el futuro ni el pasado. Sin embargo, la voluntad del hombre transforma el pensamiento de Dios en una estructura como la del hombre.

Es decir. Dios está adaptando a la acción del hombre, porque tiene la Voluntad. que es exactamente como la voluntad es reflejada en el hombre. Es decir, el. hombre, transfirió libremente su voluntad, ¿verdad? La declaración de voluntad: bueno. él quiere vivir aquí, por ejemplo, eternamente, felizmente, y así sucesivamente, para estar saludable un numero eterno de anos, por ejemplo, es la voluntad de tal hombre. Pero lógicamente va así. Es decir, lógicamente el criterio de semejanza. es lo que esta persona tiene en el futuro. o incluso ahora. Esta es la tarea de demostrar, que él, el hombre ya domina esta herramienta ahora, y luego es más fácil para el: por ejemplo, él no está afectado por ninguna enfermedad; tolera tranquilamente algunas dificultades, y así sucesivamente. Y (él) se esfuerza constantemente por un control único- es precisamente el desarrollo eterno.

Y cuando el comienza con precisión a hacer este desarrollo, comparable a la voluntad de Dios, ya comienza como si prácticamente no difiriera en el nivel tecnológico, de acuerdo con el principio de la auto construcción del cuerpo; debido al principio de posibilidades creativas. Es decir, en este caso, el hombre puede conducir las habilidades creativas establecidas por Dios a tal nivel, por ejemplo, que se desarrollaran independientemente y con tanta fuerza, que corresponderían exactamente al nivel establecido por Dios.

Es decir, sobre el hecho de que el hombre puede desarrollarse infinitamente, en principio y a nivel de la tarea primaria de Dios. Y lo que ha desarrollado creativamente, se coloca primordialmente en el Alma. Bueno, por ejemplo, el Alma del hombre tiene conocimiento sobre la resurrección o sobre la curación de cualquier enfermedad, en general.

En principio, existe una tecnología de desarrollo eterno a partir de cualquier enfermedad. Si el, hombre, se desarrolla como una persona creativa, alcanza este nivel, entonces la fase lógica se sincroniza con el nivel establecido del Alma.

Y entonces, resulta, que esta misma transición del Alma del hombre al Alma de Dios, es la acción del hombre, que es una acción volicional o de determinación de la voluntad que está dirigida precisamente al desarrollo eterno. Y entonces, de hecho, el Alma de Dios se acerca al Alma del hombre, por ejemplo. en la percepción del hombre. Pero el hombre, es decir, el Alma del hombre se acerca al Alma de Dios en una expresión lineal y vectorial. Es decir, el hombre conscientemente, a expensas de las buenas acciones, las manifestaciones volicionales, comienza a acercarse a Dios con la luz más brillante de su Alma.

Como la aproximación es la misma luz. no hay concepto de caminos, espacios, y así sucesivamente, ¿verdad? Esta el Alma de Dios en este mundo, y el hombre simplemente hace su Alma más brillante. Y luego resulta que, hay una sincronización de la Voluntad de Dios, y la voluntad del hombre, cuando existe el resplandor mutuo, cuando la Luz de Dios y la Luz del hombre comienzan a fusionarse en el nivel de desarrollo exactamente infinito.

Es decir, si se quiere poner simplemente una tarea lógica, ¿cuál es el criterio para la correspondencia de las acciones humanas, a lo que se llama la Voluntad de Dios? Es muy simple, para esto hay que mirar desde afuera a la persona, y ver. que la línea de desarrollo eterno se extiende desde su acción. Por lo tanto. se le une a la Voluntad de Dios en alguna parte. Y ver donde se le puede ayudar, es decir, para dar el control, que le permite desarrollarse exacta y eficientemente hacia la eternidad. a saber, el desarrollo eterno.

Y. para desarrollarse hacia el desarrollo eterno, después de algún tiempo, (supongamos que tomamos un tiempo infinito de desarrollo), existe una compresión bastante alta después de algún tiempo. Es decir, la concentración de la voluntad del hombre, y de otras personas, y de Dios conduce al surgimiento del principio del pensamiento libre. ¿Por qué la gente piensa libremente? Es muy sencillo ver en este punto, que el pensamiento nace como un valor libre, que es, en principio, en muchos sentidos no depende de los factores anteriores. Este es el principio del infinito, ¿verdad? El desarrollo futuro. La compresión muy alta de la información desplaza a un tercer valor y el pensamiento surge.

Para Dios, la super alta concentración de información da a luz a la Civilización, a la Tierra, al hombre, etc. Es decir, Dios esta. De hecho, en las mismas condiciones de desarrollo de la información como el hombre. Es solo que un pensamiento nacido por el hombre se puede implementar en una realización tangible, en algunas acciones. expresadas por la acción del hombre. Para Dios, el pensamiento es como sustancia tangible o informativa, o incluso puede ser el Alma del hombre, creado en el producto del pensamiento. Es decir, a menudo no es necesario que Dios vaya allí en la plataforma de la creación de las Almas para crear. Lo ha pensado bastante bien. y da a luz al Alma en plena dinámica.

Por lo tanto, resulta que el pensamiento libre - el pensamiento libre, que va de la super densidad para el hombre, ¿verdad?, se transforma en algún tipo de acción, pero a través del hombre. Es decir, si miramos desde el punto de vista de Dios - Dios hizo este mundo de tal manera, que la transformación del pensamiento en acción tiene lugar a través del hombre. 6Por que, por ejemplo, Dios no le da al hombre las cualidades? Bueno, digamos que si, que estas están lo más cerca posible. Es decir. tomar v materializar algo a distancia. El piensa al principio libremente, luego el hombre lo toma v piensa. v hace algo por los órganos de los sentidos y físicos, etc.

Y porque es un signo de libertad de la Voluntad de Dios. Aquí, la libertad de la Voluntad de Dios se manifiesta en el entendimiento humano y divino. Es decir. la libre Voluntad de Dios implica la presencia de todas las opciones posibles, incluyendo esta opción: acción a través del cuerpo físico. Esta opción suele ser la única. porque, a continuación, se manifiesta la acción. Para objetivar la acción, al menos para crear algo, se necesita alguna manifestación.

Por lo tanto, el cuerpo tiene una necesidad de acción. El mecanismo se construye como un sistema de necesidad. no porque Dios tomo algo más para Si mismo, o estableció menos para otros controles, en la información, por no hablar del hombre, a quien le ha dado todas las posibilidades de desarrollo eterno - en general. Realmente le ha dado todos los sistemas ideales. Aquí, en este caso, es el mecanismo de transferencia de conocimiento. el mecanismo de interacción, el aprendizaje mutuo. Que se expresa de la misma manera volicional, (voluntad) el pensamiento debe ser transformado.

El que lleva el pensamiento al nivel de alta iluminación. puede actuar en el nivel de las vibraciones de Dios, al menos, en la acción dada sobre el proceso local. Es decir. Dios puede en todo el mundo - y el hombre puede aprender linealmente: ya sea para sus propios eventos, o en los segmentos locales, por supuesto, refiriéndose a sus acontecimientos - pero, como no estaban relacionados personalmente con el hombre: ayudar a alguien en algún lugar lejano, y (ayuda) a aquel que. en general, y a menudo no se proyecta en ninguna parte de su Conciencia. es decir. para tomar y ayudar a cualquier persona en el futuro infinito. Y elige uno especifico. Puede hacerlo. es libre.

Resulta que esta manifestación de voluntad del hombre y de Dios en acción, revela un valor muy simple. Para el hombre, la semejanza surge del camino. así como Dios actúa en los sistemas locales, donde de nuevo puede haber cualquier sistema externo. Es decir, una persona determina por sí mismo, lo que le concierne, lo que se relaciona con un sistema externo, ¿verdad? Pero lo que se relaciona con el hombre - bueno. se considera sobre todo que está claro - en sus eventos personales, cuerpo físico, y así sucesivamente. Aquí se señala el primer objeto externo: ayudar a un forastero - aparentemente. un forastero. Y vemos muy claramente, como se configura la conexión cerca de él. Es decir. vemos claramente que, en general, en ese momento, su cuerpo físico está siendo construido por el mismo. por el hombre por sí mismo.

Para entender, como el hombre construye su cuerpo físico. de acuerdo con el nivel que Dios siempre guarda todo en Su Consciencia. ¿verdad? En su Voluntad. en general, en muchos aspectos - que es cualquier molécula. Aquí. surge el elemento similar que el hombre es creado a expensas de un elemento externo. parece ser, el elemento, que no corresponde en absoluto al sistema personal de los acontecimientos. Y luego resulta. en general, lógicamente: cuanto más hace el hombre; más acciones caritativas, más rescata - cuanto más se desarrolla constantemente, más constantemente forma su cuerpo físico.

Entonces para Dios, solo hay un valor, ya que es eterno: Debe ser generalmente, macro positivo, es decir. exclusivamente hacer todo solo creativamente y bien. ¿verdad? Su cuerpo físico. Es decir, resulta para El, que hay tal ley en la manifestación volicional del hombre, que, de lo contrario, no puede haber nada diferente, porque las moléculas se dispersarían entonces. ¿Y dónde podría estar el mundo físico allí? Además, las moléculas mismas deben estar en otro lugar de la Consciencia de Dios, en este caso. es decir, deben ser construidas.

Resulta que. la concentración extra-volitiva conduce al hecho. que tal concepto surge, que cualquier persona, no importa. como nacido y en general, que transformaciones le han ocurrido a esta persona - siempre puede dominar plenamente el sistema de restauración del organismo. solo en el caso, si existe su voluntad o de alguien externo. cualquier persona externa. Es decir. es suficiente que una persona declare, que todos sean eternos en la Civilization, esto es básicamente suficiente. Toda la gente puede confiar en ello. Por ejemplo, dije: "Ese es mi deseo personal, (los otros) vivirían eternamente". Esto es suficiente. en principio. Si alguien más suministrara adicionalmente, por ejemplo, habría más concentración de cantidad en la Consciencia Colectiva, y así será aún mejor.

Y. por supuesto, debe ser añadido por cualquiera, en particular, que entienda. que una vez que existe tal oportunidad. entonces. naturalmente, es mejor implementaría. Como regla general, cuando comienza la implementación, entonces ellos, la gente. comprende, que esta es exactamente la forma en que el Mundo trabaja. Cualquier otro nivel del Mundo, donde hay alguna descomposición del tejido biológico. algunos elementos finitos. incluso como si no representaran en algún interés especial, ¿verdad? Es otra opción. Y aquí surge el siguiente elemento: que la voluntad externa, es como si las manifestaciones volicionales del Mundo externo, están conectadas. por ejemplo. con la tecnología de desarrollo eterno, y fueran una línea de interés precisa. por así decirlo, el interés volitivo del objeto externo para Usted está en la información. Por ejemplo. ¿cuál puede ser el interés de un árbol. que está de pie en el bosque, hacia Usted que está en la acera?

Pero si Usted asigna una línea volicional, (de su voluntad) dirigida hacia sí mismo, cualquier objeto de información con respecto a cualquier otro objeto, tiene una línea de acción de dirección. Pero esto sigue siendo una manifestación de volición- simplemente nada pasaría. Cuando empiezas a ver, que es la voluntad, la misma voluntad. ¿cierto? No solo una acción caótica. sino a saber, la voluntad. Y todo lo que esta fuera del sistema, es volición, en principio. en general, del objeto de la información o de Usted, pero no se manifiesta en un impulso lineal.

Y existe la construcción eterna de cualquier elemento entre estos elementos, incluido el cuerpo físico del hombre. Entonces. comenzamos a entender muy claramente toda la naturaleza de las cosas, relacionadas con la acción de cualquier elemento de información en relación con Usted. Es decir. por ejemplo. una molécula de aire en alguna parte: se puede conocer toda la situación a través de ella. No es necesario ir lejos ni a ningún lugar; solo tiene que identificar el motivo del comportamiento hacia Usted. Bueno, como en la investigación de ciertas situaciones, a menudo hay una cuestión del motivo. o un concepto de análisis.

Por lo tanto. para identificar el motivo en alguna molécula de oxígeno - no parece haber ninguna necesidad lógica, ¿verdad? ¿Por qué existe esta atención de volición hacia Usted? Pero si empieza a seguir adelante en términos de la proyección de su Consciencia. específicamente en un macrosistema. entonces puede ver claramente. que esta es precisamente la proyección de la Consciencia es su acción personal. Es decir. el motivo, en términos generales, esta incrustado en Usted. Usted define muy claramente la motivación de cualquier elemento de información a través de la cognición de sí mismo.

Y aquí surge el elemento de expansión del sistema de Consciencia. Es decir. el hombre creando su onda de

Consciencia de una manera volicional. Pero la onda de Consciencia es tal, que a menudo no se visualiza en absoluto - solo la luz. que es rápida. o es estática. Pero esta Consciencia, contiene todos los factores de todos los eventos externos. Este es un sistema de pronóstico muy potente. Puedes identificar absolutamente cualquier elemento de tu realidad de antemano en este sistema, y al menos, minimizarlo. Tal vez, algún elemento ocurre solo por algo, ¿verdad? No en vano. Y luego, al menos, lo minimiza, pero después de haber conservado alguna acción con el fin de vincularla lógicamente a la siguiente.

Es decir, estas construyendo el espacio de su futuro, como si pusiera algunas figuras allí, bueno. aparentemente de acuerdo con el principio de un domino, no importa cómo. pero claramente va de un puente a otro. Este es su camino, pero al mismo tiempo. Usted ve claramente, que su control en todo el mundo externo esta tan sincronizado. que toda la gente que lo rodea lo percibe como desarrollo natural. Y ya es natural para todos. porque está actuando correctamente, Usted es percibido correctamente. Pero entonces surge el siguiente nivel - Usted percibe este sistema como un sistema externo, que es completamente controlable. Y luego resulta que tiene el siguiente nivel de control.

¿Cómo lo hace Dios? Coloca el siguiente nivel de control después de cada nivel para el control, ¿verdad? Esto es, por cierto. no un concepto - que es el control en aras del control, pero el concepto de sostenibilidad del sistema, de hecho. Además, hay un control multidimensional: muchos sistemas de control externo surgen detrás de un grupo de control, y así sucesivamente. Cuanto mayor sea la concentración, más sistemas se incluyen en la unidad de la sustancia. Lógicamente. está muy claro.

Y está claro, que Dios crea para Si la realidad del futuro por esa analogía. de tal manera. que El - "como si específicamente", en términos de la Consciencia humana. pusiera alguna acción bajo otra acción. La acción se lleva cabo. El criterio de Su siguiente acción es el control sobre el mundo externo todo el tiempo. además, sobre ese Mundo, que creó por sí mismo. pero que es como si estuviera a distancia. Es decir. percibe el mundo exterior como el sistema ya creado, y como si no lo afectara. Es decir. la gente piensa que si Dios forma la Consciencia Humana para Si Mismo. Por lo tanto. Dios se vuelve cada vez más comprensible para el hombre en el tiempo.

Y también lo es el hombre, que puede hacer algo de acción, entonces como para abstraerse de esta acción. Como si de alguna manera se llegara a una distancia de uno mismo. Pero al mismo tiempo. percibe esta acción. o algún evento como un evento externo. Y en principio, resulta que, dado que este evento es externo, no parece preocuparte, ¿verdad? Es decir. la gente lo deja en el pasado. Si para Dios, este es el horizonte, es decir el tiempo actual, este es el pasado para el hombre.

Desde este punto de vista, si piensas por qué Dios creo el pasado para el hombre, bueno. (es decir) en general, en términos de crear un ser humano. ¿verdad? La esencia del hombre, como especie y el orden mundial. Para Dios, que incluso puede crear cualquier tipo de estructura -Podría, por ejemplo, tomarlas, y hacer que todas sean iguales, y eso es todo. Pero entonces surge la pregunta: ¿cómo se diferenciarían las personas? ¿Como se reconocen, por ejemplo, el uno al otro, ¿verdad? Cuando existe una uniformidad completa ... si Él tomara y construyera las mismas figuras - ¿cómo se distinguirían?

El pasado es solo el sistema de individualización: cada uno tiene el propio sistema de eventos; lógicamente es comprensible. Y cada uno tiene un sistema de desarrollo diferente. Es decir, el pasado es necesario para que las personas construyan una fase colectiva, que se acerque a Dios, se esfuerzan por Dios. Es decir, el principio del desarrollo universal, incrustado en el sistema, que una persona puede aprender a construir un sistema diferente de esta manera. Y solo necesita diferenciarse, debe ser diferente. Y esa es la razón, por el qué se forma la estructura del pasado.

Entonces, ¿el pasado puede ser controlado naturalmente? Ya que sabemos, que este es un sistema, creado por Dios. Veamos cómo se controla, en general, por que hacer el control. La razón es que, si se produce la enfermedad en la estructura de eventos pasados, por ejemplo, y como para mantenerlos alejados, para examinarlos todo el tiempo, es decir, la plataforma del pasado está vibrando en algún lugar por allí, y mantenerlo alejado de su cuerpo físico, y eso es todo. Fluctuaría por un tiempo y no habría enfermedad. Basta con salir más allá de las fronteras de la implementación de esta estructura. Es decir, el resultado es, que el pasado es un instrumento bastante práctico incluso para el tratamiento, ¿sí?

Y cuando, por ejemplo, queremos utilizar la estructura del pasado para gestionar los procesos futuros, entonces el pasado, es como un elemento de estabilización, es algo bueno. Es decir, podemos fijar una imagen del futuro - si bien concentramos esta buena imagen en la voluntad, o tomamos el elemento del pasado de alguna manera; un elemento favorable, lo tomamos v conectamos con el elemento futuro, y obtenemos un sistema estable, que ya forma el Mundo frente a Usted. Es decir, Usted, su personalidad, su consciencia está formando el Mundo exterior, y así armoniosamente. no siente la diferencia entre el Mundo y el elemento de la consciencia. Es decir, la consciencia armoniosa, la volición armoniosa. es decir, la voluntad de acción, que es comprendida por Usted en términos de precisamente macro salvación - la forma de una consciencia armoniosa, una realidad armoniosa.

Y. aquí resulta, que es el mecanismo de como Dios trabaja para crear un espacio de gran distancia, es naturalmente aplicable al mecanismo de control de eventos. Es posible sacar a la luz un evento desfavorable desde la plataforma de como si fuera el pasado, y mantenerlo lejos de Usted, ¿verdad? Este es un elemento de control bien conocido. La gente trata de olvidar, bueno, aunque la gente prácticamente no puede olvidar inmediatamente, por regla general, por así decirlo. ¿verdad? Y, sin embargo, si se tiene en cuenta exactamente el mecanismo de olvidar, en principio, uno no puede olvidar, sí conoce el control.

Es decir. por ejemplo, para el hombre, que tiene un control de la clarividencia o la visión espiritual, la noción de que "olvidó algo", por regla general, no existe. Todavía lo ve todo. Ahora no puede olvidar nada, ¿verdad? Es decir. lo sabe todo en el momento de ver. Y eso es lo mismo que con gnosis clara. Y aquí se traduce en lo siguiente: cuanto más concentrado es el sistema óptico del hombre, más concentrado esta su Alma, incluso en la manifestación óptica - y, por lo tanto, está más iluminado.

Por lo tanto, tendrá más tecnologías diferentes, para la implementación exacta de la macro salvación, como mínimo, ¿verdad? A menudo lo usa para la implementación de las propias tareas de una manera muy eficaz. Por lo tanto. el hombre se vuelve más comprensible y transfiere más conocimiento, cuanto más se concentra en el Alma; debido a la luz del Alma, y cuanto más puede difundir el conocimiento sobre el estado del Alma, es decir, acerca del desarrollo eterno, porque el Alma es siempre eterna.

Y resulta que, cuando edificas la concentración de esta manera, por ejemplo, el hombre, formalmente participa en la creación del conocimiento sobre la vida eterna, sobre el desarrollo eterno. Además, en ciertos niveles, la diferencia entre el Alma y el cuerpo ya no ocurre en la percepción.

Entonces está claro, que el cuerpo tiene este conocimiento, el cuerpo lo irradia. Y es suficiente que otra persona perciba en su impulso de volición, la radiación / emisión del cuerpo humano, a saber, el que posee la tecnología de la eternidad. entonces otra persona lo tomaría muy rápidamente, esa tecnología. Porque las manifestaciones y acciones volicionales (de la voluntad) siempre convencen.

Y cuando, por ejemplo, una persona, que tiene una estructura de control volitivo en relación con Usted, ve que su cuerpo o su acción tiene una función de desarrollo eterno, y es realmente eterno, ¿Verdad? Entonces, naturalmente, forma el siguiente sistema volicional de una manera convencida. Es decir, para formar el siguiente impulso volitivo, bueno, es deseable tener cierta convicción, para trabajar con este fin, o, al menos, tener información - si una persona no está convencida, en términos de dominar la tecnología de mi Enseñanza. Es importante en esta sección, que, al determinar la construcción volitiva del hombre, es posible llevarlo al nivel de persuasión, que debe ser persuadido, de que uno debe vivir eternamente. Las tecnologías de las Enseñanzas te permiten hacer esto, y así sucesivamente. Y cuando, por ejemplo, miras la situación en un futuro lejano, en términos del desarrollo actual, entonces siempre es posible capturar un segmento en el futuro, que es favorable para ti, bueno, prácticamente, el 100%.

Es decir, el futuro en tal transcripción es precisamente tu manifestación de voluntad, en la comprensión de como la voluntad es correcta en el espacio de información, ¿verdad? Que, en principio, el pasado a nivel del concepto de voluntad es un valor regulado. o un valor necesario. Pero, si hay algún evento desfavorable, generalmente se puede retirar del nivel volicional de control. Es decir. la volición todavía te permite crear estas puertas \ pasajes, estos sistemas de blindaje/pantalla, y así sucesivamente.

Y, cuando ya miramos hacia el futuro infinito, entonces esta captura de un evento favorable es, de hecho, una forma de futuro. Es decir, la forma del futuro infinito es la única: los acontecimientos son favorables para todos; todos poseen las tecnologías de desarrollo eterno, específicamente de la vida eterna. Y en relación con esto, resulta que es el futuro. de hecho, este es el infinito. que, implica la existencia de ciertos acontecimientos, que en general, se visualizan y construyen, todo este futuro simplemente se converge a la forma de información.

Y esta forma, que podemos halar. mientras está siendo halado como si estuvieras aquí. es como si se desempacara en el cuerpo, tu cuerpo físico. Es decir. rejuvenecer o revitalizar el cuerpo físico, ¿verdad? - Basta con asignar la forma del futuro, en términos de desarrollo infinito. Necesitas contemplar particularmente tu segmento, cuando te acerques. Y cuando ves tu propio segmento local, entonces. al acercarte, ves tu cuerpo físico. Y aquí el segmento local, y el segmento global para Dios, ¿cierto? Toda la realidad para ti (bueno, digamos tu "realidad privada") converge al nivel de acción universal de nuevo en tu cuerpo físico.

Desde el punto de vista de Dios, y el hombre, la personalidad del hombre y de Dios han elegido el cuerpo físico del hombre en el nivel volicional, por ejemplo. Y sus voluntades coincidieron, de lo contrario, no se produciría ningún proceso de este tipo. Puesto que su voluntad ha coincidido, el Dios eterno, que precisamente introduce un sistema de información especifico en la información de la voluntad, es decir, después de todo, nos ocupamos del hecho, que esta es la voluntad de Dios. El contacto con la voluntad del hombre crea cuerpo. Entonces resulta que es la voluntad del hombre, en términos generales, es situado fuera del sistema, por así decirlo, los niveles actuales de acciones humanas, la voluntad, o al menos, una de las coordenadas de la voluntad tiene un factor externo. Es decir. la volición siempre tiene un nivel externo.

Y cuando empiezas a buscar este nivel externo. entonces esta Dios allí, hay acción de sistemas externos. Es decir. de nuevo un nivel macro, ¿verdad? Pero ya regulado por ti con mucha precisión. Aquí está un mecanismo muy importante, que cuando se entra en el sistema de control externo a través de una propiedad volicional, (de voluntad) todos los procesos del mundo están regulados por ti. alii, a saber, cuando existen procesos externos. Y, si entras en este punto de vista, entonces el acceso a cualquier evento es elemental: puedes llevarlo alii, restaurar cualquier célula en el cuerpo; se puede tomar alii incluso algún tejido. de alguna manera innecesario, por ejemplo, para reestructurarlo en uno sano. y así sucesivamente.

Y cuando empiezas a examinar este nivel desde el punto de vista de otras personas, entonces hay un momento muy simple: la voluntad de cualquier persona, después de todo, es la salud, por regia general. Básicamente, el 100% de las personas quieren estar sanas, de una manera u otra, ya sea en lo profundo del Alma, o expresan sólo explícitamente. Por lo tanto, existe un camino hacia otra persona desde aquí.

Aquí está la voluntad del hombre para Usted, y como quiere estar sano, entonces puedes decirle, ¡Si, es posible estar siempre sano! Asignar la forma del futuro en términos de desarrollo eterno, entonces es posible vivir eternamente. Por lo tanto, es necesario estar sano, en los intervalos de este desarrollo eterno. Y resulta que uno puede acercarse al hombre, según la voluntad. en la línea de la voluntad humana. Es decir. Dios permite esa acción, cuando la acción viene de la voluntad del hombre, entonces por regia general, tal voluntad se manifiesta en términos de salud.

Y luego puedes proceder no solo con la salud. la puedes transferir al sistema de eventos. Por lo tanto, es todo lo mismo, un sistema de acceso. El sistema de acceso no solo es en algunos procesos físicos, sino también en los procesos sociales, hacia la personalidad del hombre.

Para acercarte al hombre, necesitas darle algo de conocimiento. Pero, después de todo, hemos identificado la estructura por el mismo signo de voluntad. en términos de desarrollo infinito. Por lo tanto, el hombre, que se acerca a otro basado en la voluntad, debe dársele constantemente conocimiento sobre el desarrollo eterno, de una manera u otra. Entonces se acerca a Él. Es decir, para convencer al hombre de que hable con El. debe otra persona darle conocimiento sobre el desarrollo eterno.

Es decir, la transferencia de conocimiento sobre el desarrollo eterno es un valor necesario para una estructura de control volitivo, en términos de la voluntad, y en términos de la estructura mundial sobre los terrenos volitivos. Generalmente. esta es la única estructura posible, para combinar esfuerzos volicionales de diferentes personas, para moverse simultáneamente en una dirección. Y en principio, se sabe que, de hecho, un sistema de control colectivo volicional es siempre más eficaz. o. al menos, básicamente, puede ser más eficaz, que la acción de una persona. Aunque creo que una persona, por supuesto. puede actuar de manera más eficiente, o lo mismo que un grupo de personas. Es decir, en términos de información de probabilidad, la acción de una persona todavía no puede considerarse menor, que la de un grupo de personas.

Sin embargo, la concentración de la voluntad en este caso es muy importante, debido al hecho de que las personas se concentran juntas, y transfieren conocimiento. Esta acción colectiva es muy importante. Y luego, por ejemplo, la macro salvación, la salvación de todo el Mundo de una posible catástrofe global puede lograrse mediante la acción colectiva. Entonces resulta que esta información sigue siendo bastante importante y necesaria, porque hace que el control sea popular en términos de macro salvación, por ejemplo.

Mi enseñanza se puede ensenar, y se puede popularizar a través de los métodos tecnológicos, o mediante el uso de algunas conferencias especiales, por ejemplo, "Acción volitiva". Eso sigue siendo una tecnología especial, también le permite controlar a través de los signos volicionales, las propiedades que son aún más rígidas. Puede ser, que la voluntad del hombre es inequívoca, pero es necesario acercarse a él. por ejemplo, y darle un control, para que viva eternamente, ¿verdad? Por lo tanto, resulta que, si ha tornado una decisión preliminar, supongamos que esta decisión no es necesariamente negativa para una persona.

Probablemente ya has tornado tus decisiones diarias Entonces, ¿Cómo llevarte la tecnología del desarrollo eterno? Pero un tecnólogo, que, por ejemplo, trabaja de esta manera, sabe, que ejecuta la Voluntad de Dios y la voluntad del hombre (de sí mismo, u otra persona). Entonces resulta que llevar el desarrollo eterno es obligatorio a otra persona es la voluntad conjunta tanto del hombre como de Dios. Pero al mismo tiempo - de todos modos, esto es un signo de libertad completa de otra persona, que tiene solo un factor de acción volitivo. Y él decide debido a su propio libre albedrío. Entonces resulta que, cuando otra persona toma la decisión a nivel volicional, lo hace con seguridad, al menos, completamente consciente. Y a menudo también hace el siguiente control en el futuro, como si escanearan los procesos del pasado, y así sucesivamente.

Y resulta que, este nivel de volición mutua - la Voluntad de Dios, el hombre y las otras personas, es el nivel más poderoso de un control colectivo, donde esta esfera o una masa de voluntad tiene una radiación super poderosa. Al mismo tiempo. estos rayos no se ven en absoluto, esta es una acción positiva. ni siquiera esa acción, esto es solo Luz, Luz brillante, que no ejerce presión sobre los ojos. Tan pronto como dirijas este control, en esta esfera formada, sobre la que acabo de hablar -bueno, eso es como si fuera una tecnología muy simple: tomar y tocar mentalmente esta esfera con la mano. ¿verdad? O colocar a otra persona allí, cerca o en esta esfera. Eso es un poderoso control volicional, donde esta tu voluntad de rescatar al hombre, ¿verdad? Por ejemplo, o para ayudarlo, la voluntad colectiva de todo el Mundo, incluyendo la Voluntad de Dios.

Y luego obtienes una acción todopoderosa exactamente en la estructura de la información - una acción volicional, una acción de volición – poder universal. Y, aquí las tareas de macro salvación se resuelven muy claramente. Tan pronto como entras en la estructura de la macro salvación, al instante resuelves el nivel básico de tus tareas, incluso del futuro lejano, que es el control estratégico. Y cuando trabajas con esta técnica a nivel de control final, en este tema, miras, que el efecto es muy estable; muy a menudo puede ser rápido v muy controlable. Prácticamente, puedes trabajar con total precisión.

Esto concluye mi seminario de hoy. Muchas gracias por su atención.

NOTAS:

NOTAS:

NOTAS:

NOTAS:

NOTAS:

NOTAS:

NOTAS:

Made in the USA
Coppell, TX
26 February 2024